Impressum
Verlag: BABADADA GmbH, Nedderfeld 112 , 22529 Hamburg
Geschäftsführer / Verlagsleitung: Harald Hof
Druck: Books on Demand GmbH, In de Tarpen 42, 22848 Norderstedt

Imprint
Publisher: BABADADA GmbH, Nedderfeld 112 , 22529 Hamburg, Germany
Managing Director / Publishing direction: Harald Hof
Print: Books on Demand GmbH, In de Tarpen 42, 22848 Norderstedt

məktəb

school

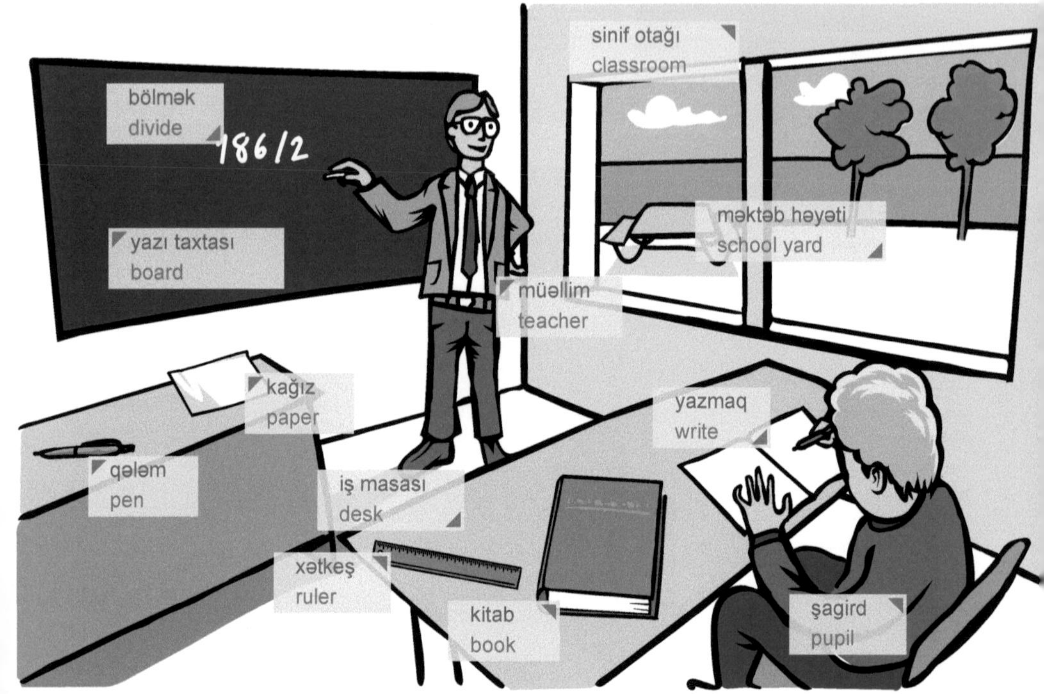
sinif otağı
classroom
bölmək
divide
186/2
yazı taxtası
board
məktəb həyəti
school yard
müəllim
teacher
kağız
paper
yazmaq
write
qələm
pen
iş masası
desk
xətkeş
ruler
kitab
book
şagird
pupil

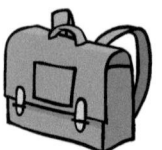

məktəbli çantası

satchel

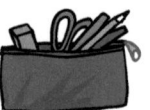

karandaş qabı

pencil case

karandaş

pencil

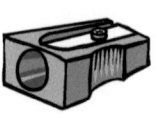

karandaş yonan

pencil sharpener

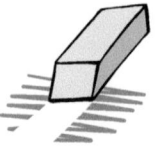

pozan

rubber

rəsm albomu

drawing pad

rəsm
drawing

boya fırçası
paintbrush

boya qutusu
paint box

qayçı
scissors

yapışdırıcı
glue

dəftər
exercise book

ev tapşırığı
homework

say
number

əlavə etmək
add

çıxmaq
subtract

vurmaq
multiply

hesablamaq
calculate

hərf
letter

əlifba
alphabet

söz
word

mətn

text

oxumaq

read

tabaşir

chalk

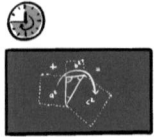

dərs

lesson

sinif jurnalı

register

imtahan

exam

təhsil haqqında sənəd

certificate

məktəb uniforması

school uniform

təhsil

education

ensiklopediya

encyclopedia

universitet

university

mikroskop

microscope

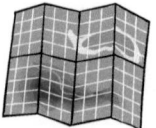

xəritə

map

zibil qutusu

waste-paper basket

mehmanxana
hotel

Grand

yataqxana
hostel

ROOMS

valyuta mübadiləsi məntəqəsi
bureau de change

EXCHANGE

çamadan
suitcase

avtomobil
car

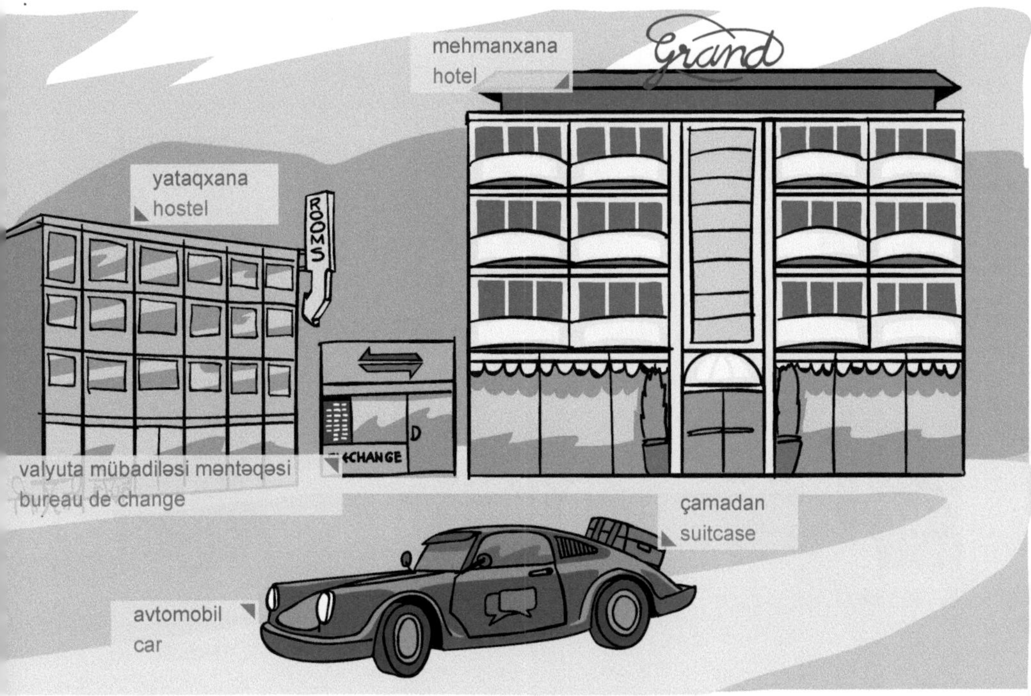

dil
language

bəli/xeyr
yes / no

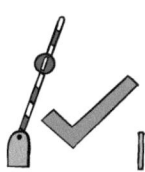

oldu
Okay

salam
hello

tərcüməçi
translator

Təşəkkür edirəm
Thank you

giyməti nə qədərdir ...?

how much is…?

mən başa düşmürəm

I do not understand

problem

problem

Axşamınız xeyir!

Good evening!

Sabahınız xeyir!

Good morning!

Gecəniz xeyrə galsin!

Good night!

hələlik

bye bye

istiqamət

direction

baqaj

luggage

torba

bag

kürək çantası

backpack

qonaq

guest

otaq

room

yataq-çuval

sleeping bag

çadır

tent

turistlər üçün məlumat
tourist information

çimərlik
beach

kredit kartı
credit card

səhər yeməyi
breakfast

günorta yeməyi
lunch

nahar yeməyi
dinner

bilet
ticket

lift
lift

poçt markası
stamp

sərhəd
border

gömrük
customs

səfirlik
embassy

viza
visa

pasport
passport

nəqliyyat
transport

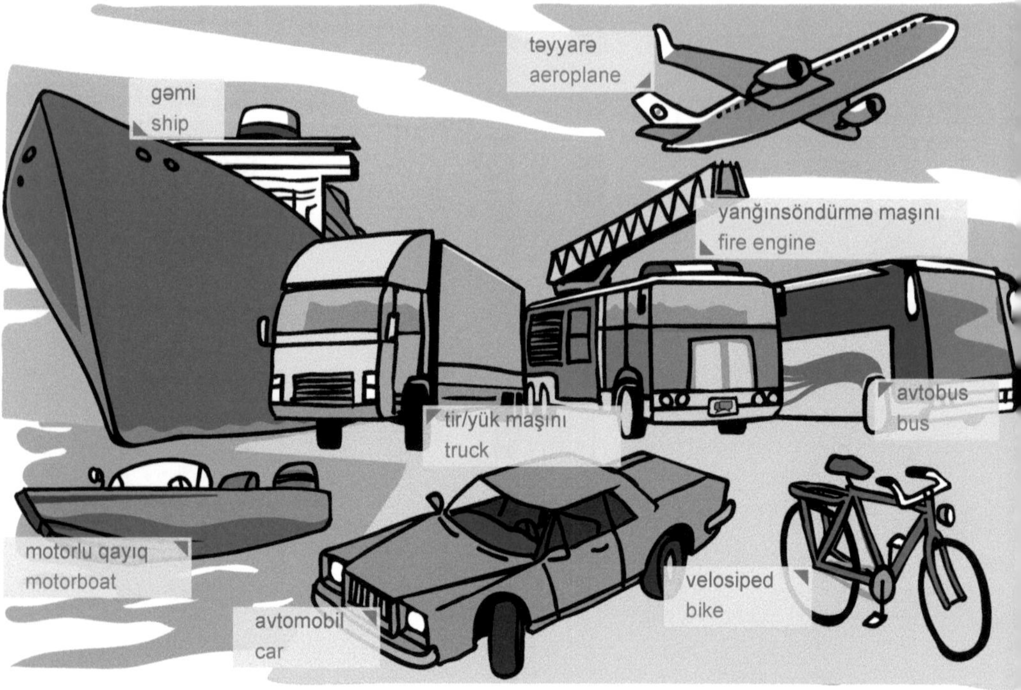

təyyarə
aeroplane
gəmi
ship
yanğınsöndürmə maşını
fire engine
avtobus
bus
tir/yük maşını
truck
motorlu qayıq
motorboat
velosiped
bike
avtomobil
car

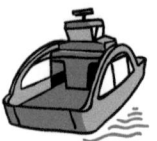

bərə

ferry

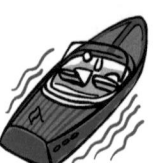

qayıq

boat

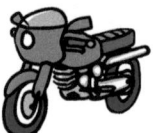

motosiklet

motorbike

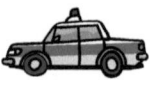

polis avtomobili

police car

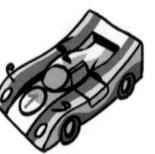

yarış avtomobili

racing car

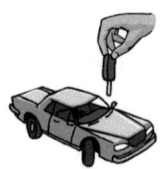

icarə avtomobili

rental car

avtomobil icarəsi

car sharing

texniki yardım maşını

breakdown truck

zibil maşını

refuse truck

mühərrik

motor

yanacaq

fuel

benzin doldurma məntəqəsi

petrol station

yol nişanı

traffic sign

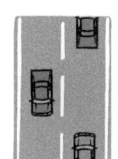

yol hərəkəti

traffic

tıxac

traffic jam

avtomobil dayanacağı

car park

dəmir yolu stansiyası

train station

dəmiryol

tracks

qatar

train

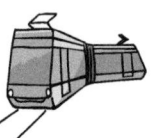

tramvay

tram

vaqon

carriage

helikopter

helicopter

hava limanı

airport

qüllə

tower

sərnişin

passenger

konteyner

container

karton qutu

carton

əl arabası

cart

səbət

basket

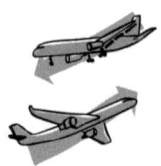

qalxmaq / enmək

take off / land

şəhər

city

kənd

village

şəhər mərkəzi

city centre

ev

house

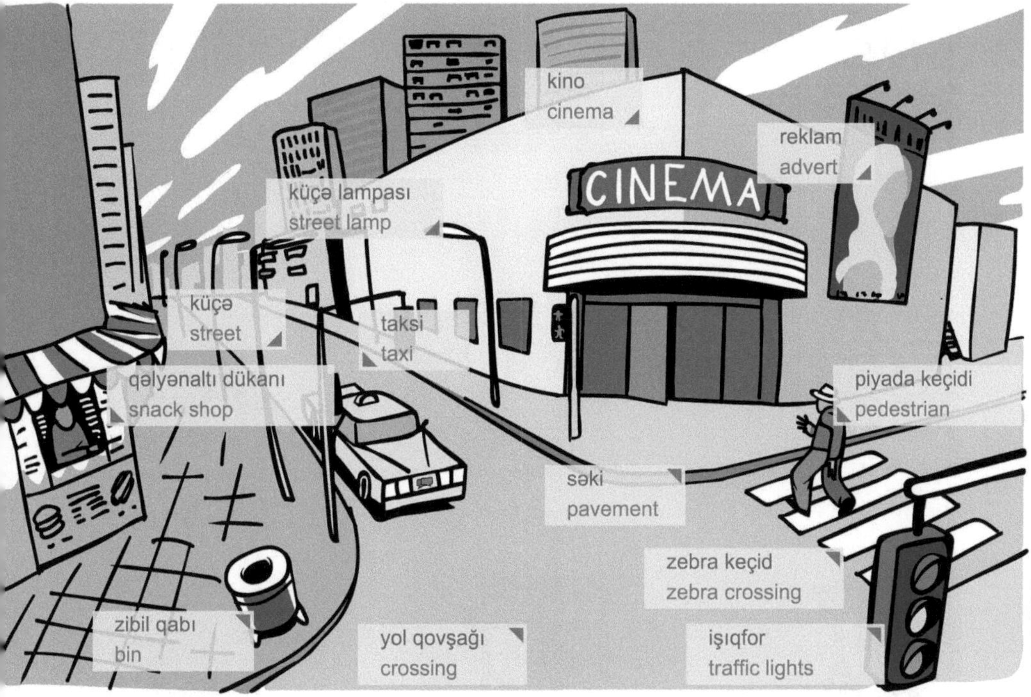

kino
cinema

reklam
advert

küçə lampası
street lamp

CINEMA

küçə
street

taksi
taxi

qəlyənaltı dükanı
snack shop

piyada keçidi
pedestrian

səki
pavement

zebra keçid
zebra crossing

zibil qabı
bin

yol qovşağı
crossing

işıqfor
traffic lights

daxma

hut

mənzil

flat

dəmir yolu stansiyası

train station

bələdiyyə binası

town hall

muzey

museum

məktəb

school

universitet
university

bank
bank

xəstəxana
hospital

mehmanxana
hotel

aptek
pharmacy

ofis
office

kitab dükkanı
book shop

dükan
shop

çiçək dükanı
florist's

supermarket
supermarket

bazar
market

univermaq
department store

balıq satıcısı
fishmonger's

ticarət mərkəzi
shopping centre

liman
harbour

park
park

oturacaq
bench

körpü
bridge

pilləkən
stairs

metro
underground

tunel
tunnel

avtobus dayanacağı
bus stop

bar
bar

restoran
restaurant

poçt qutusu
postbox

küçə nişanı
street sign

parkinq sayğacı
parking meter

zoopark
zoo

üzgüçülük hovuzu
swimming pool

məscid
mosque

şəhər - city

ferma

farm

ətraf mühitin çirklənməsi

pollution

məzarlıq

graveyard

kilsə

church

oyun meydançası

playground

məbəd

temple

mənzərə
landscape

yarpaq
leaf

yol nişanı
signpost

yol
way

çəmən
meadow

daş
stone

ağac
tree

piyada səyyah
hiker

çay
river

ot
grass

gül
flower

vadi

valley

təpə

hill

göl

lake

meşə

forest

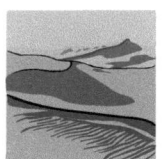

səhra

desert

vulkan

volcano

qəsr

castle

göy qurşağı

rainbow

göbələk

mushroom

palma

palm tree

ağcaqanad

mosquito

milçək

fly

qarışqa

ant

arı

bee

hörümçək

spider

böcək

beetle

qurbağa

frog

dələ

squirrel

kirpi

hedgehog

dovşan

hare

bayquş

owl

quş

bird

qu quşu

swan

qaban

boar

maral

deer

sığın

moose

su bəndi

dam

külək turbini

wind turbine

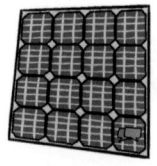

günəş batareyası

solar panel

iqlim

climate

restoran
restaurant

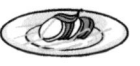

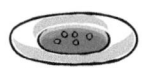

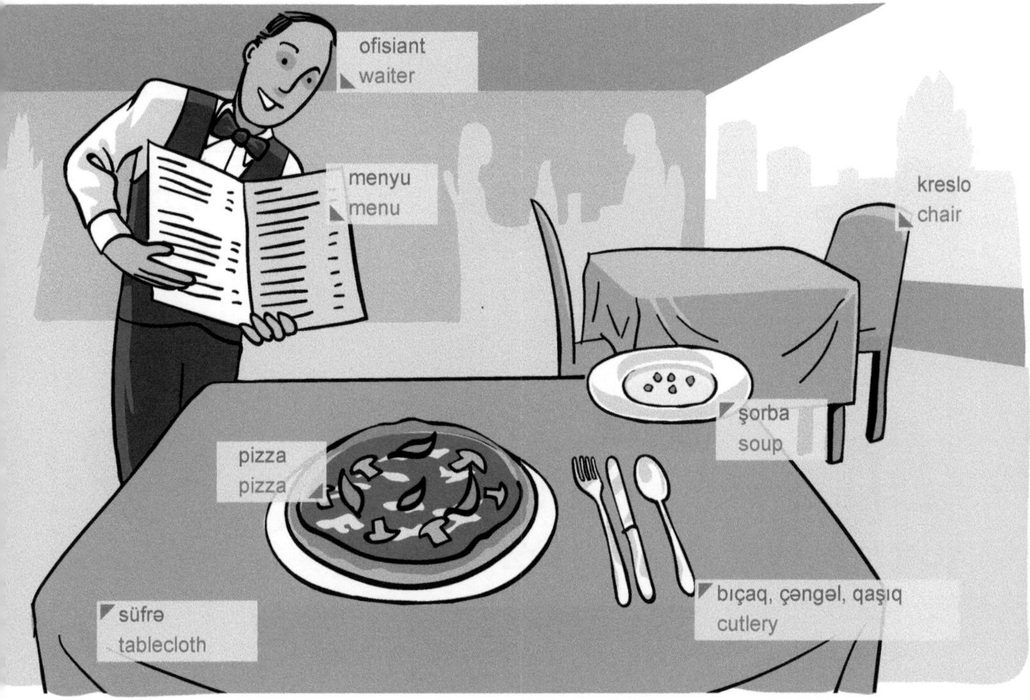
ofisiant
waiter
menyu
menu
kreslo
chair
şorba
soup
pizza
pizza
süfrə
tablecloth
bıçaq, çəngəl, qaşıq
cutlery

məzə

starter

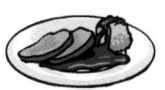

əsas yemək

main course

desert

dessert

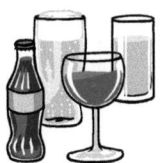

içkilər

drinks

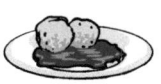

yemək

food

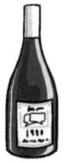

şüşə

bottle

fast food

fast food

küçə yeməkləri

street food

çaynik

teapot

qəndqabı

sugar bowl

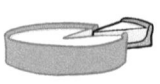

pay

portion

espresso maşını

espresso machine

hündür uşaq kreslosu

high chair

faktura

bill

nimçə

tray

bıçaq

knife

çəngəl

fork

qaşıq

spoon

çay qaşığı

teaspoon

salfet

serviette

şüşə

glass

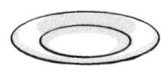

boşqab

plate

şorba boşqabı

soup plate

nəlbəki

saucer

sous

sauce

duz qabı

salt pot

biberüyüdən

pepper mill

sirkə

vinegar

duru yağ

oil

ədviyyat

spices

ketçup

ketchup

xardal

mustard

mayonez

mayonnaise

supermarket
supermarket

xüsusi təklif
special offer
FOR
müştəri
customer
süd məhsulları
dairy
meyvə
fruit
alış-veriş arabası
trolley

BUTCHERS

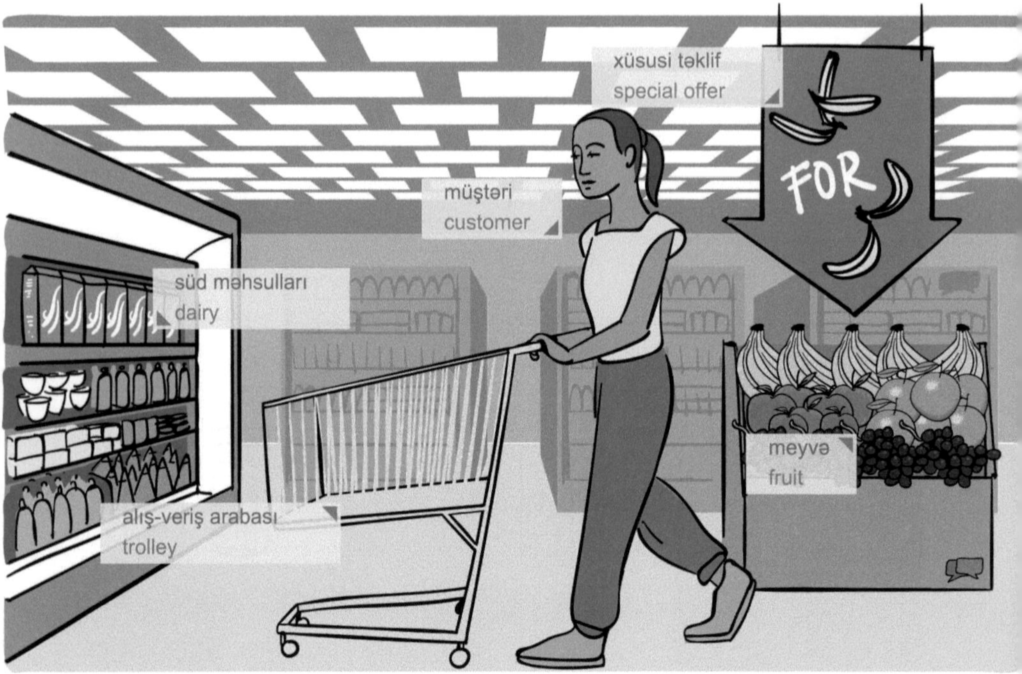

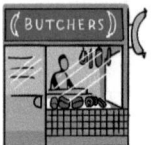

qəssab dükanı

butcher´s

BAKERY

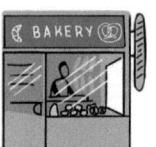

çörəkçi

baker´s

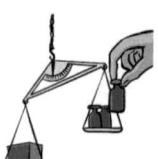

çəkmək

weigh

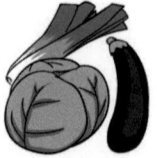

tərəvəz

vegetables

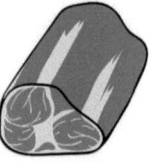

ət

meat

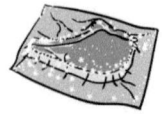

dondurulmuş qida

frozen food

soyuq ət yeməyi

cold meat

konservləşdirilmiş qida

tinned food

yuyucu toz

washing powder

şirniyyat

sweets

təsərrüfat malları

household products

yuyucu vasitələr

cleaning products

satıcı

salesperson

kassa

till

kassir

cashier

alış-veriş siyahısı

shopping list

iş saatları

opening hours

pul kisəsi

wallet

kredit kartı

credit card

torba

bag

plastik torba

plastic bag

su	şirə	süd
water	juice	milk

cola	şərab	pivə
coke	wine	beer

alkoqollu içkilər	kakao	çay
alcohol	cocoa	tea

qəhvə	espresso	kapuçino
coffee	espresso	cappuccino

banan

banana

alma

apple

portağal

orange

yemiş

melon

limon

lemon

yerkökü

carrot

sarımsaq

garlic

bambuq

bamboo

soğan

onion

göbələk

mushroom

qoz-fındıq

nuts

əriştə

noodles

spagetti
spaghetti

düyü
rice

salat
salad

cips
chips

qızardılmış kartof
fried potatoes

pizza
pizza

hamburger
hamburger

sandviç
sandwich

eskalop
cutlet

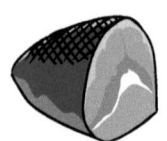

hisə verilmiş donuz əti
ham

salyami
salami

kolbasa
sausage

toyuq
chicken

qızardılmış ət tikəsi
roast

balıq
fish

yulaf yarması

porridge oats

müsli

muesli

partlaq qarğıdalı

cornflakes

un

flour

kruassan

croissant

bulka

bread roll

çörək

bread

tost

toast

peçenye

biscuits

kərə yağı

butter

kəsmik

curd

tort

cake

yumurta

egg

qayğanaq

fried egg

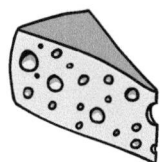

pendir

cheese

yemək - food

dondurma

ice cream

şəkər

sugar

bal

honey

mürəbbə

jam

şokolad pastası

chocolate spread

köri

curry

ferma
farm

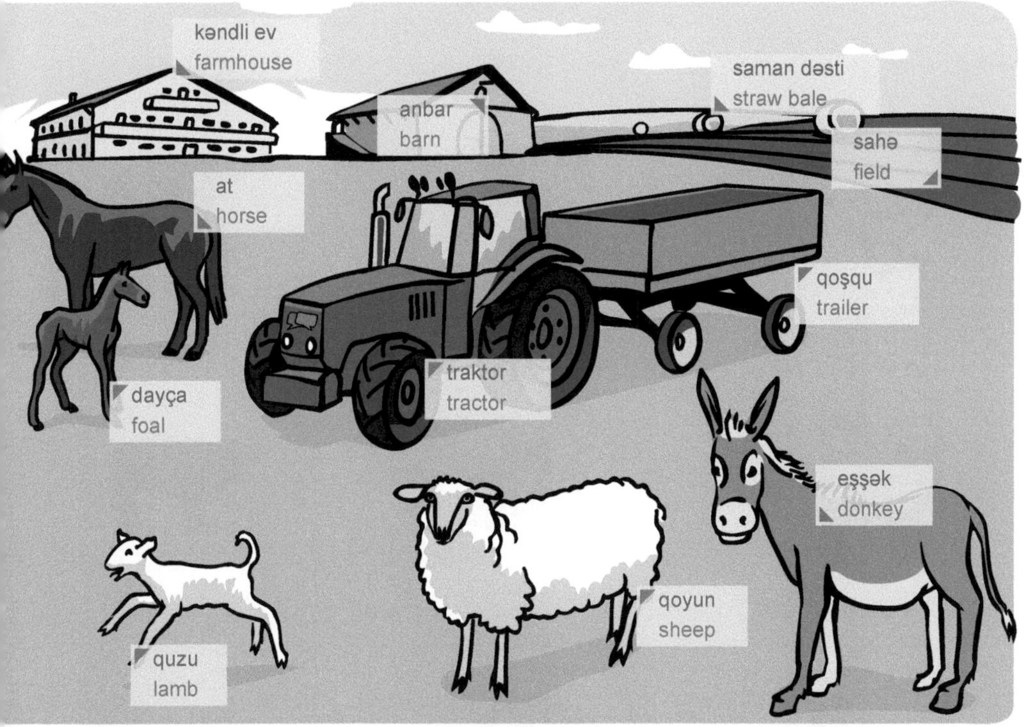
kəndli ev
farmhouse
saman dəsti
straw bale
anbar
barn
sahə
field
at
horse
qoşqu
trailer
traktor
tractor
dayça
foal
eşşək
donkey
qoyun
sheep
quzu
lamb

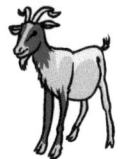

keçi

goat

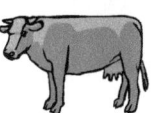

inək

cow

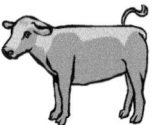

dana

calf

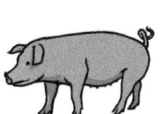

donuz

pig

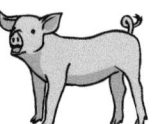

donuz balası

piglet

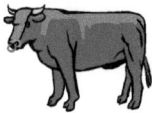

öküz

bull

qaz

goose

ördək

duck

cücə

chick

toyuq

hen

xoruz

cock

siçovul

rat

pişik

cat

siçan

mouse

öküz

ox

it

dog

itdamı

doghouse

bağ şlanqı

garden hose

susəpən

watering can

dəryaz

scythe

kotan

plough

oraq

sickle

kətman

hoe

yaba

pitchfork

balta

axe

əl arabası

wheelbarrow

çalov

trough

süd bidonu

milk can

çuval

sack

çəpər

fence

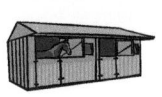

tövlə

stable

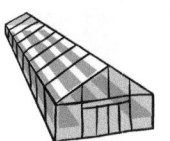

istixana

greenhouse

torpaq

soil

toxum

seed

gübrə

fertilizer

taxılbiçən kombayn

combine harvester

məhsul yığmaq

harvest

məhsul yığımı

harvest

yam

yams

buğda

wheat

soya

soy

kartof

potato

dən

corn

raps

rapeseed

meyvə ağacı

fruit tree

maniok

cassava

yarma

cereals

ev

house

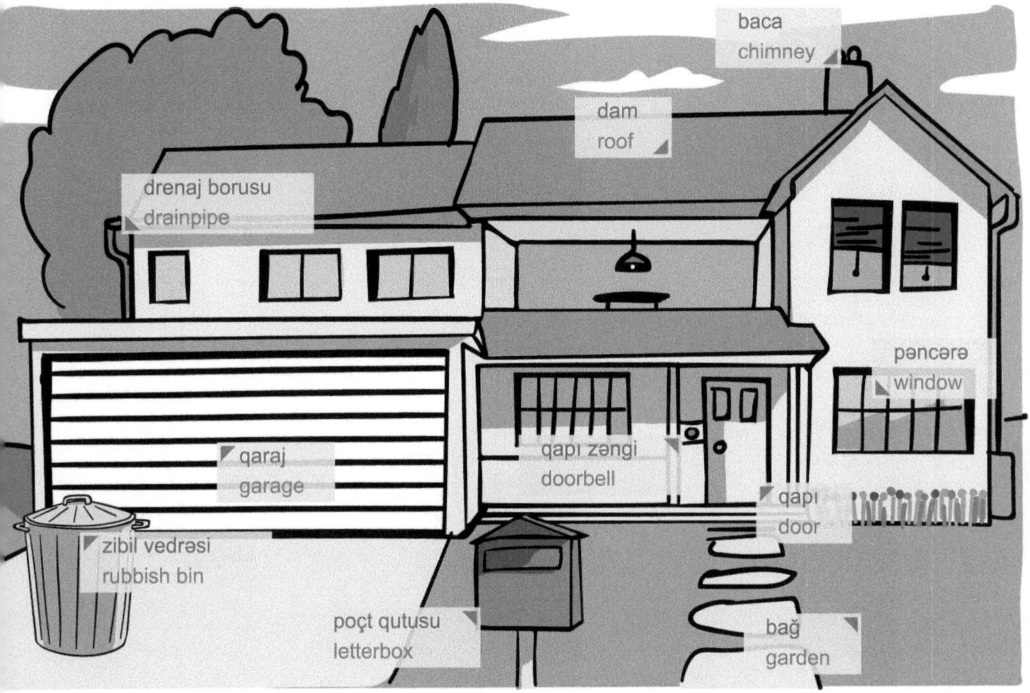
baca
chimney
dam
roof
drenaj borusu
drainpipe
pəncərə
window
qaraj
garage
qapı zəngi
doorbell
qapı
door
zibil vedrəsi
rubbish bin
poçt qutusu
letterbox
bağ
garden

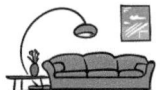

qonaq otağı

living room

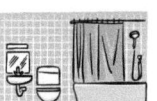

hamam otağı

bathroom

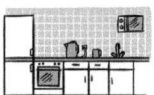

mətbəx

kitchen

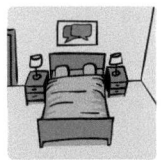

yataq otağı

bedroom

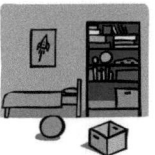

uşaq otaqı

child's room

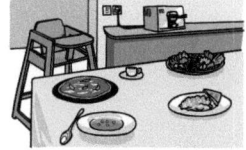

yemək otağı

dining room

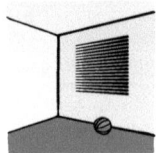

döşəmə

floor

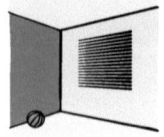

divar

wall

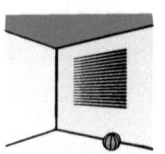

tavan

ceiling

zirzəmi

cellar

sauna

sauna

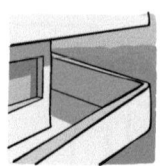

balkon

balcony

terras

terrace

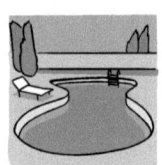

üzgüçülük hovuzu

pool

otbiçən maşın

lawn mower

mələfə

sheet

yataq örtüyü

bedspread

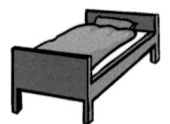

yataq

bed

süpürgə

broom

vedrə

bucket

elektrik açarı

switch

qonaq otağı
living room

divar kağızı
wallpaper
şəkil
picture
lampa
lamp
rəf
shelf
şkaf
cupboard
televiziya
television
buxarı
fireplace
gül
flower
yastıq
cushion
divan
sofa
vaza
vase
uzaqdan idarəetmə
remote control

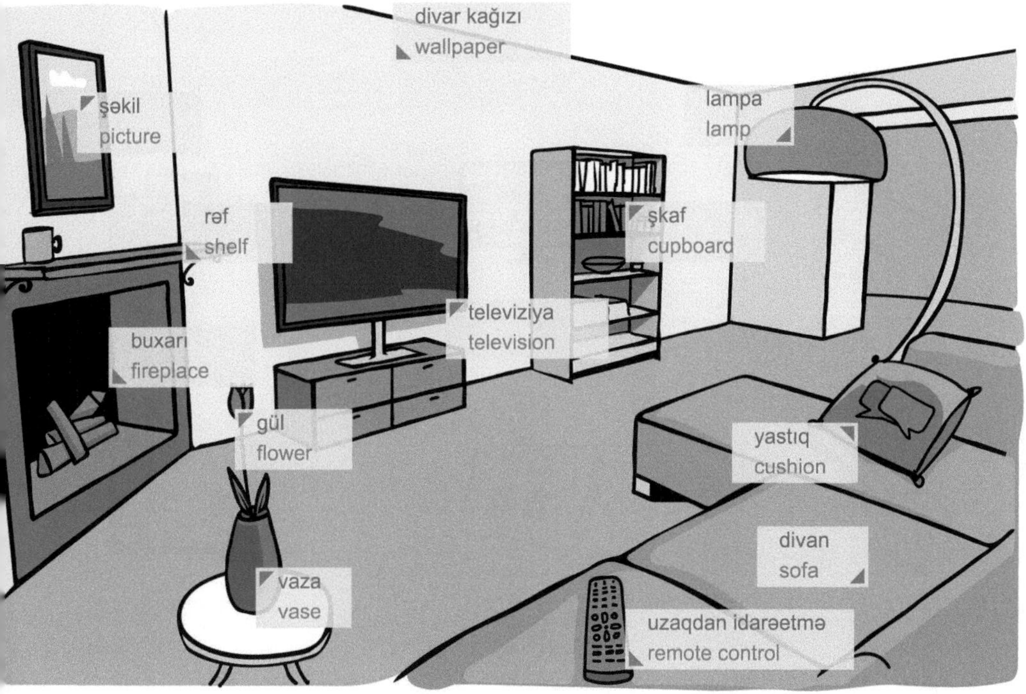

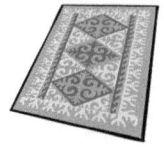

xalça

carpet

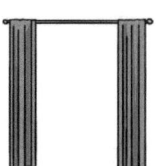

pərdə

curtain

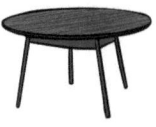

masa

table

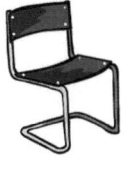

kreslo

chair

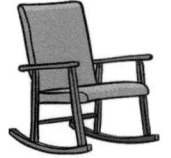

yırğalanan stul

rocking chair

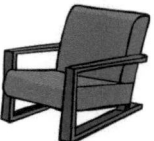

kreslo

armchair

kitab

book

yorğan

blanket

bəzək

decoration

odun

firewood

film

film

stereo səs sistemi

hi-fi equipment

açar

key

qəzet

newspaper

rəsm əsəri

painting

plakat

poster

radio

radio

bloknot

notepad

tozsoran

hoover

kaktus

cactus

şam

candle

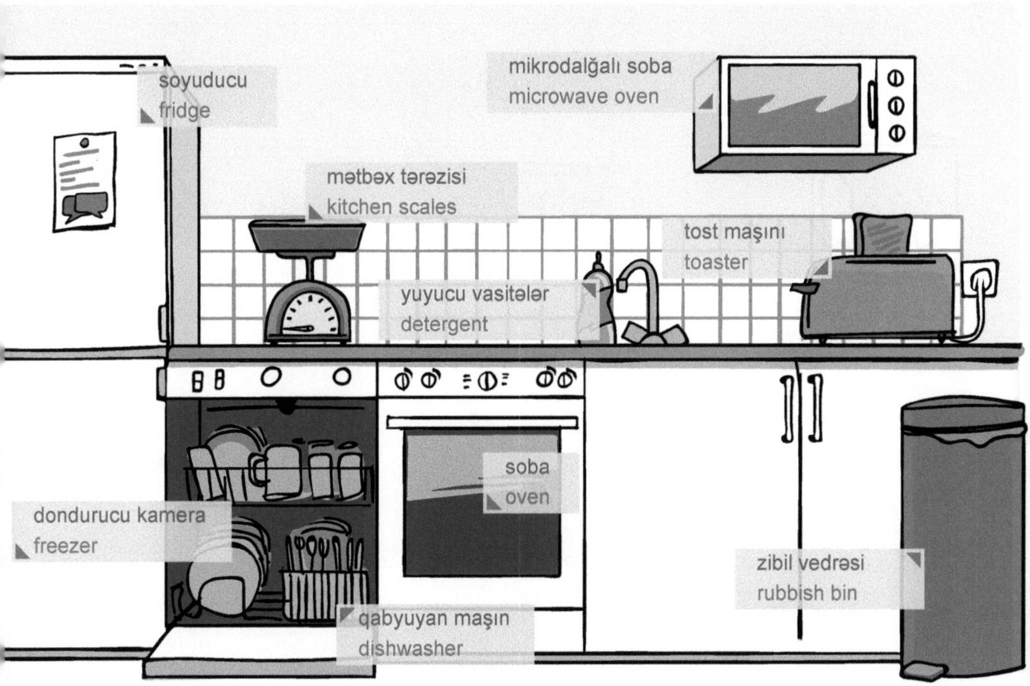

soyuducu
fridge

mikrodalğalı soba
microwave oven

mətbəx tərəzisi
kitchen scales

tost maşını
toaster

yuyucu vasitələr
detergent

soba
oven

dondurucu kamera
freezer

zibil vedrəsi
rubbish bin

qabyuyan maşın
dishwasher

soba

cooker

qazan

pot

çuqun qazan

cast-iron pot

vok / kadai

wok / kadai

tava

pan

çaydan

kettle

buxar qazanı

steamer

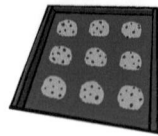

sac

baking tray

qab

crockery

fincan

mug

ləyən

bowl

yemək üçün çubuqlar

chopsticks

çömçə

ladle

spatula

spatula

çırpıcı

whisk

süzgəc

strainer

ələk

sieve

sürtgəc

grater

həvəngdəstə

mortar

barbekyu

barbecue

ocaq

open fire

doğrama taxtası

chopping board

oxlov

rolling pin

probkaçıxaran

corkscrew

banka

can

bankaağzıaçan

can opener

qabtutan

pot holder

əl üz yuyan

sink

fırça

brush

süngər

sponge

blender

blender

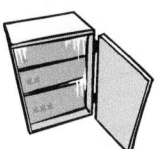

dondurucu

deep freezer

körpə şüşəsi

baby bottle

kran

tap

mətbəx - kitchen

hamam otağı
bathroom

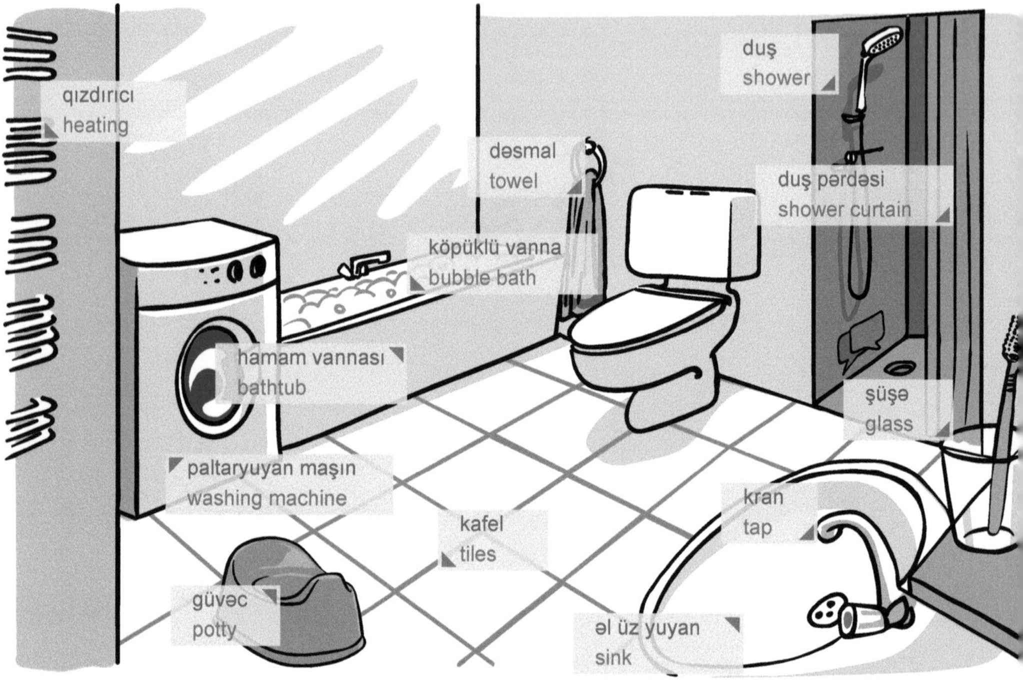
qızdırıcı
heating
duş
shower
dəsmal
towel
duş pərdəsi
shower curtain
köpüklü vanna
bubble bath
hamam vannası
bathtub
şüşə
glass
paltaryuyan maşın
washing machine
kran
tap
kafel
tiles
güvəc
potty
əl üz yuyan
sink

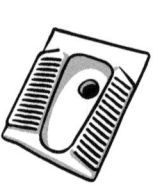

tualet

toilet

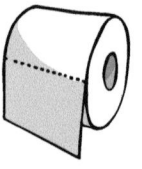

çömbəlmə tualet

squat toilet

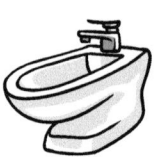

bide

bidet

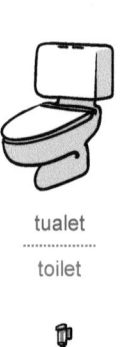

urinal

urinal

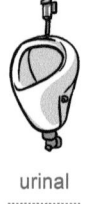

tualet kağızı

toilet paper

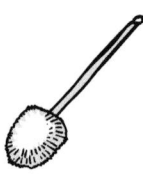

tualet fırçası

toilet brush

diş fırçası

toothbrush

diş pastası

toothpaste

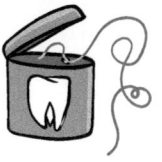

diş ipi

dental floss

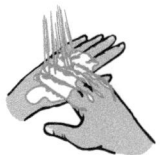

yumaq

wash

əl duşu

handheld shower

intim duş

douche

taz

basin

bel fırçası

back brush

sabun

soap

duş üçün gel

shower gel

şampun

shampoo

əsgi

flannel

drenaj

drain

krem

cream

dezodorant

deodorant

güzgü

mirror

əl güzgüsü

hand mirror

ülgüc

razor

üz qırxmaq üçün köpük

shaving foam

təraşdan sonra su

aftershave

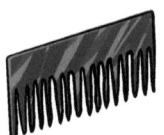

daraq

comb

fırça

brush

fen

hair dryer

saç spreyi

hairspray

makiyaj

makeup

dodaq boyası

lipstick

dırnaq lakı

nail varnish

pambıq

cotton wool

dırnaq qayçısı

nail scissors

ətir

perfume

gigiyenik torba
washbag

kətil
stool

tərəzi
weighing scale

hamam xalatı
bathrobe

rezin əlcək
rubber gloves

tampon
tampon

gigiyenik salfet
sanitary towel

kimyəvi tualet
chemical toilet

uşaq otaqı
child's room

zəngli saat
alarm clock
yumşaq oyuncaq
cuddly toy
oyuncaq avtomobil
toy car
cingilti
rattle
kukla evciyi
doll's house
hədiyyə
present

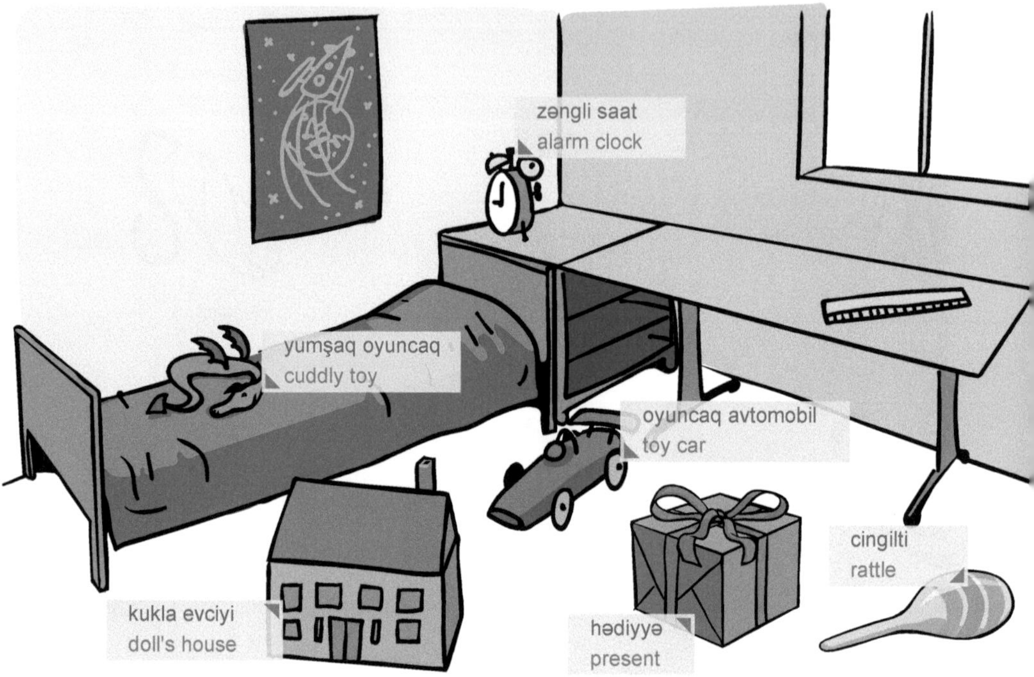

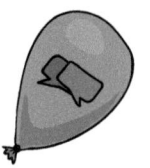

balon

balloon

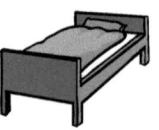

yataq

bed

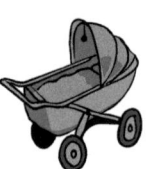

uşaq arabası

pram

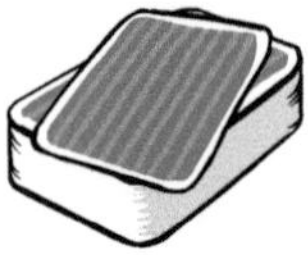

kart dəsti

deck of cards

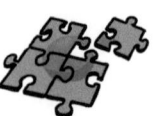

elektrik mişarı

jigsaw

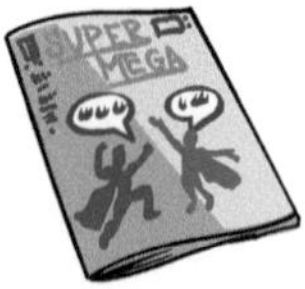

komik

comic

leqo kərpici

lego bricks

konstruktor blokları

building blocks

oyuncaq-personaj

action figure

yeni doğulmuş körpələr
üçün geyimi

babygrow

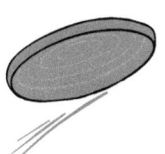

frisbi

frisbee

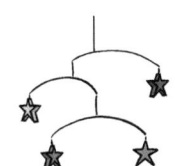

yataq üstünə asılan körpə
oyuncağı

mobile

masaüstü oyun

board game

zər

dice

oyuncaq qatar

model train set

emzik

dummy

qonaqlıq

party

rəsmli kitab

picture book

top

ball

kukla

doll

oynamaq

play

qum qutusu
sandpit

yellәncәk
swing

oyuncaqlar
toys

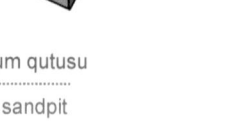

video oyun konsolu
video game console

üç tәkәrli velosiped
tricycle

plüşdәn hazırlanmış
oyuncaq ayı
teddy bear

şkaf
wardrobe

geyim

clothing

corab
socks

corab
stockings

kalqotka
tights

kaşne
scarf

çətir
umbrella

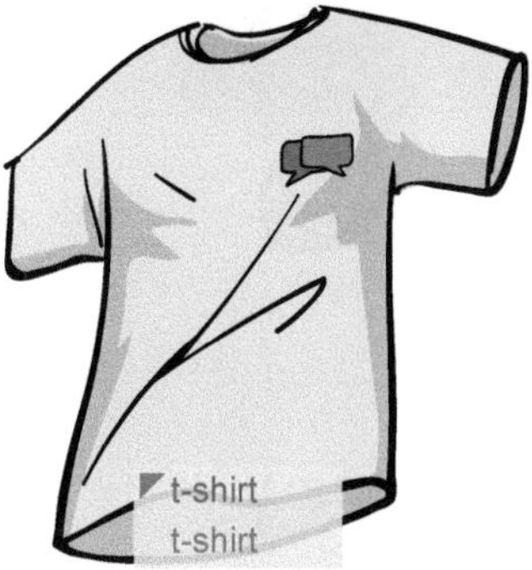

t-shirt
t-shirt

kəmər
belt

çəkmə
boots

şəpit
slippers

idman ayaqqabısı
trainers

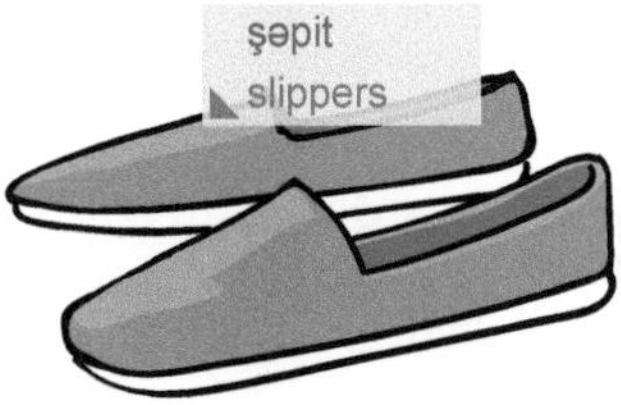

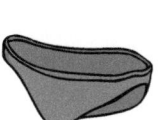

sandallar
sandals

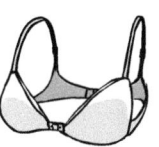

ayaqqabı
shoes

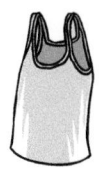

rezin çəkmələr
rubber boots

dizlik
underpants

lifçik
bra

alt köynəyi
vest

alt paltarı
body

şalvar
trousers

cins
jeans

yubka
skirt

bluza
blouse

köynək
shirt

sviter
pullover

başlıqlı idman gödəkçəsi
hoodie

gödəkçə
blazer

gödəkcə
jacket

pencək
coat

plaş
raincoat

kostyum
costume

paltar
dress

gəlin paltarı
wedding dress

kostyum

suit

gecə köynəyi

nightgown

pijama

pyjamas

sari

sari

hicab / eşarp

headscarf

çalma

turban

burka

burqa

kaftan

kaftan

abaya

abaya

çimərlik geyimi

swimsuit

tumuş

trunks

şort

shorts

məşq kostyumu

tracksuit

önlük

apron

əlcək

gloves

geyim - clothing

düymə

button

eynək

glasses

bilərzik

bracelet

boyunbağı

necklace

üzük

ring

sırğa

earring

papaq

cap

asılqan

coat hanger

papaq

hat

qalstuk

tie

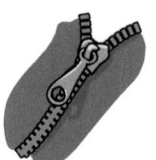

zəncirbənd

zip

dəbilqə

helmet

aşırma

braces

məktəb uniforması

school uniform

uniforma

uniform

geyim - clothing

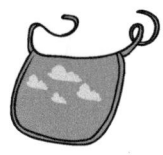

döşlük

bib

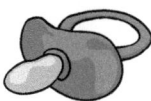

emzik

dummy

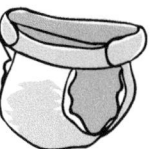

körpə bezi

nappy

ofis

office

server
server
arxiv şkafı
filing cabinet
kağız
paper
printer
printer
monitor
monitor
siçan
mouse
iş masası
desk
qovluq
folder
klaviatura
keyboard
zibil qutusu
waste-paper basket
kompyuter
computer
stul
chair

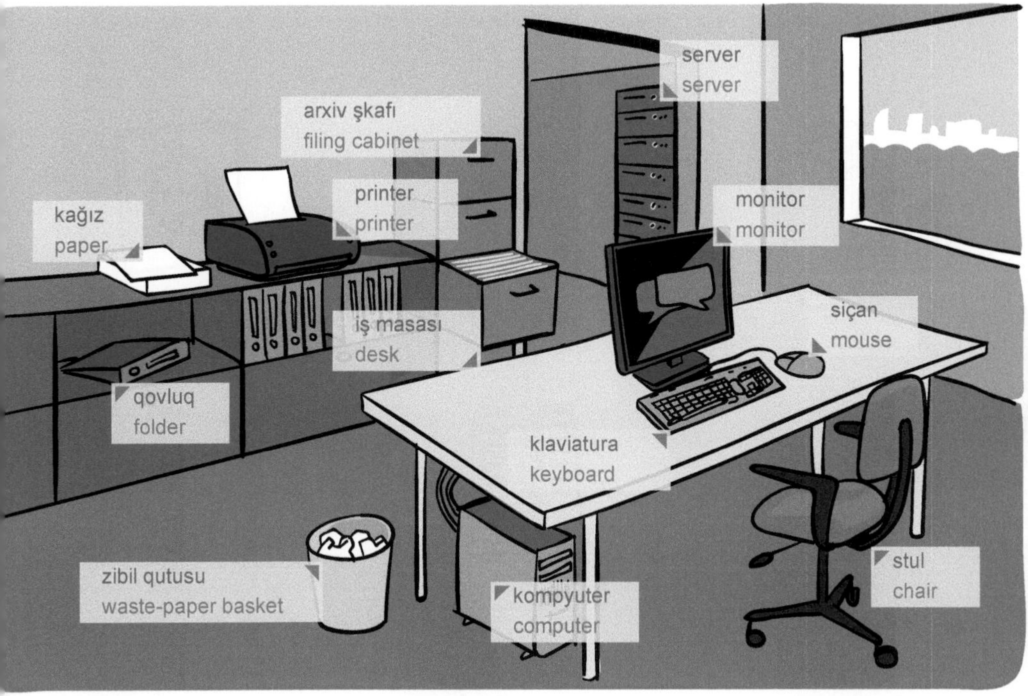

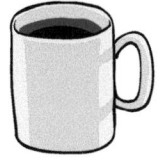

qəhvə fincanı

coffee mug

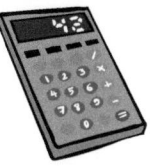

kalkulyator

calculator

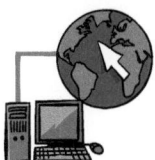

internet

internet

laptop

laptop

məktub

letter

mesaj

message

mobil telefon

mobile

şəbəkə

network

surətçıxaran maşın

photocopier

proqram təminatı

software

telefon

telephone

ştepsel

plug socket

faks

fax machine

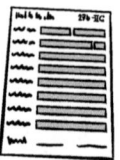

forma

form

sənəd

document

satın almaq

buy

ödəmək

pay

alverlə məşğul olmaq

trade

pul

money

dollar

dollar

avro

euro

yen

yen

rubl

rouble

frank

Swiss franc

renminbi yuan

renminbi yuan

rupi

rupee

bankomat

cashpoint

valyuta mübadiləsi
mənteqəsi

bureau de change

qızıl

gold

gümüş

silver

neft

oil

enerji

energy

qiymət

price

müqavilə

contract

vergi

tax

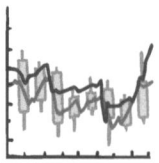

səhm

stock

işləmək

work

işçi

employee

işəgötürən

employer

fabrik

factory

dükan

shop

peşə
occupations

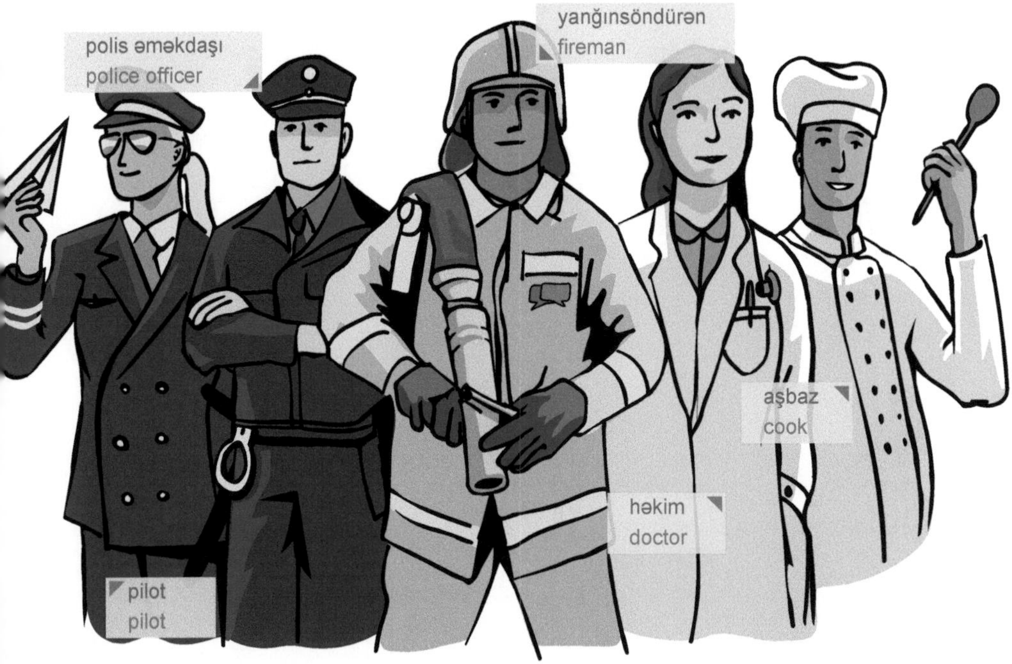
polis əməkdaşı
police officer
yanğınsöndürən
fireman
aşbaz
cook
həkim
doctor
pilot
pilot

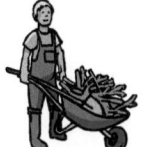

bağban
gardener

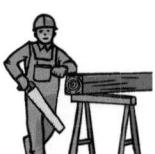

dülgər
carpenter

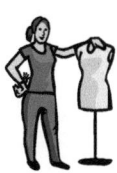

dərzi
seamstress

hakim
judge

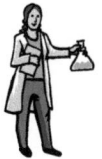

kimyaçı
chemist

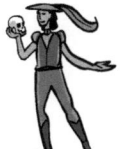

aktyor
actor

avtobus sürücüsü

bus driver

taksi sürücüsü

taxi driver

balıqçı

fisherman

xadimə

cleaning lady

dam işçisi

roofer

ofisiant

waiter

ovçu

hunter

rəssam

painter

çörəkçi

baker

elektrik ustası

electrician

inşaat işçisi

builder

mühəndis

engineer

qəssab

butcher

santexnik

plumber

poçtalyon

postman

əsgər
soldier

memar
architect

kassir
cashier

gül-çiçək satıcısı
florist

bərbər
hairdresser

konduktor
conductor

mexanik
mechanic

kapitan
captain

diş həkimi
dentist

alim
scientist

ravvin
rabbi

imam
imam

rahib
monk

keşiş
clergyman

alətlər

tools

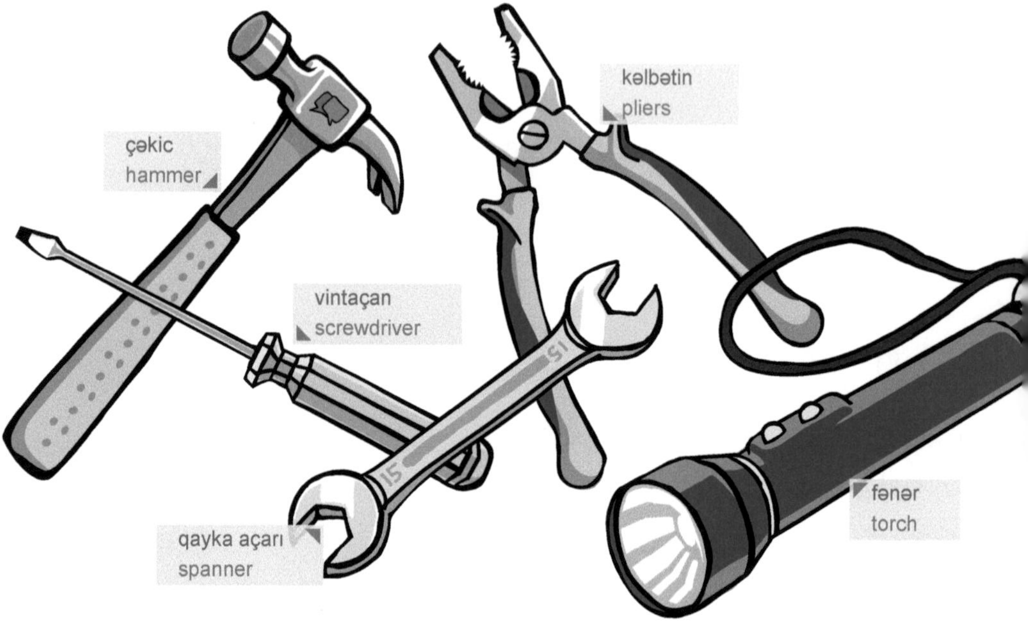
çəkic
hammer
kəlbətin
pliers
vintaçan
screwdriver
qayka açarı
spanner
fənər
torch

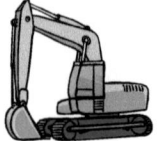

ekskavator

digger

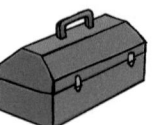

alətlər qutusu

toolbox

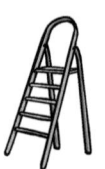

nərdivan

ladder

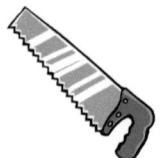

mişar

saw

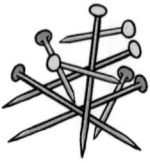

dırnaqlar

nails

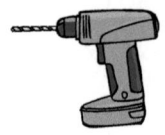

drel

drill

təmir etmək

repair

kürək

shovel

Lənət olsun!

Damn!

xəkəndaz

dustpan

boya vedrəsi

paint pot

vintlər

screws

musiqi alətləri
musical instruments

dinamik
loudspeaker

zərb alətləri
drum kit

gitara
guitar

kontrabas
double bass

trompet
trumpet

fortepiano

piano

skripka

violin

bas

bass

timpani

timpani

nağara

drums

sintezator

keyboard

saksafon

saxophone

fleyta

flute

mikrofon

microphone

zoopark

zoo

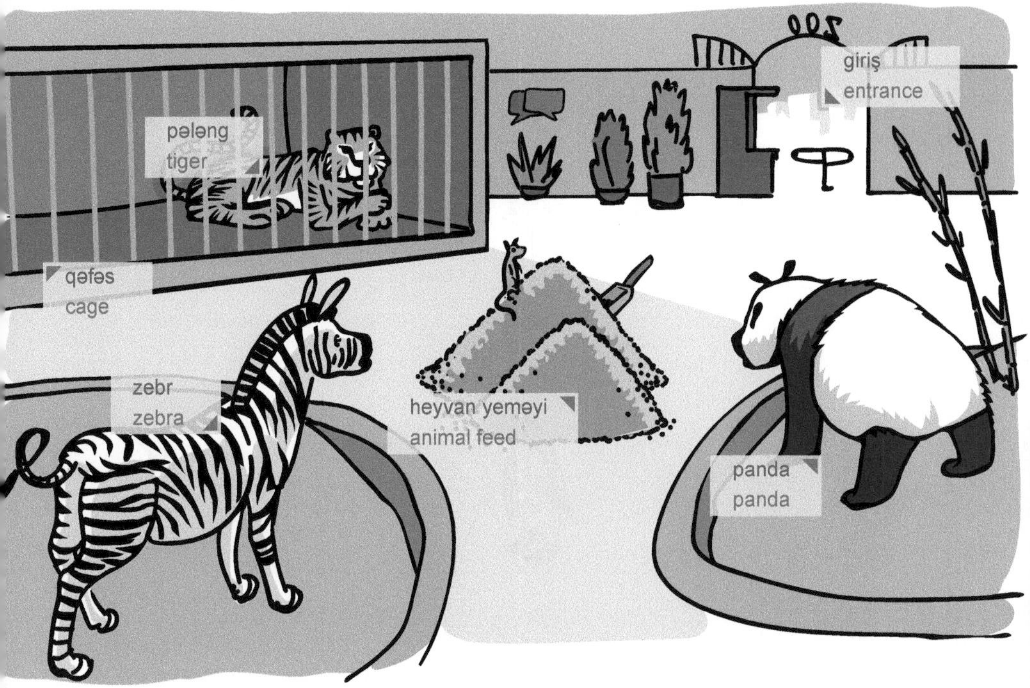

giriş
entrance
pələng
tiger
qəfəs
cage
zebr
zebra
heyvan yeməyi
animal feed
panda
panda

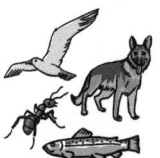

heyvanlar
animals

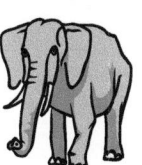

fil
elephant

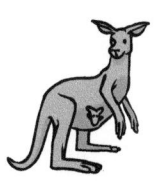

kenquru
kangaroo

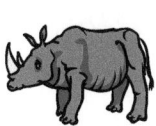

kərgədan
rhino

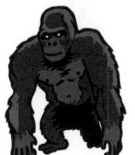

qorilla
gorilla

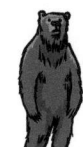

ayı
bear

dəvə
camel

dəvəquşu
ostrich

aslan
lion

meymun
monkey

flamingo
flamingo

tutuquşu
parrot

qütb ayısı
polar bear

pinqvin
penguin

köpəkbalığı
shark

tovuz
peacock

ilan
snake

timsah
crocodile

zoopark işçisi
zookeeper

suiti
seal

yaquar
jaguar

poni
pony

bəbir
leopard

hippopotam
hippo

zürafə
giraffe

qartal
eagle

qaban
boar

balıq
fish

tısbağa
turtle

morj
walrus

tülkü
fox

ceyran
gazelle

amerikan futbolu
American football

velosiped sürmək
cycling

tennis
tennis

basketbol
basketball

üzgüçülük
swimming

buz xokkeyi
ice hockey

boks
boxing

futbol
football

badminton
badminton

yüngül atletika
athletics

həndbol
handball

xizək
skiing

polo
polo

fəaliyyət
activities

gülmək
laugh
tullanmaq
jump
qucaqlaşmaq
hug
getmək
walk
oxumaq
sing
yuxu qörmək
dream
dua etmək
pray
öpüşmək
kiss

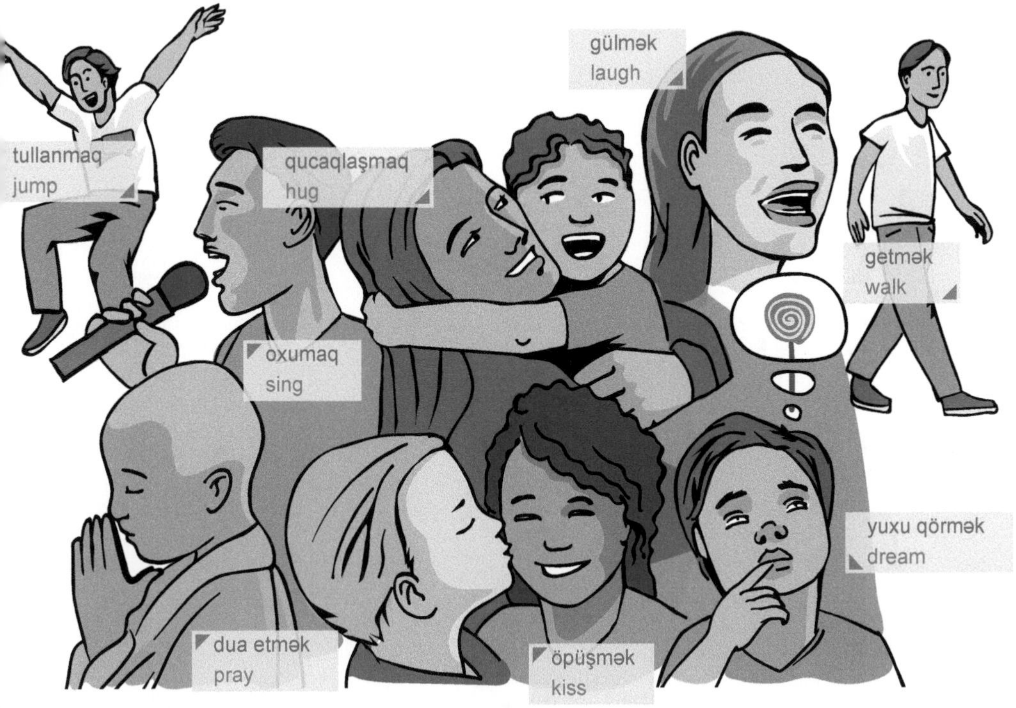

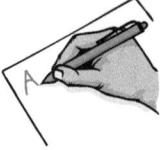

yazmaq

write

çəkmək

draw

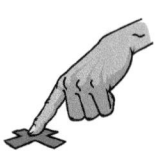

göstərmək

show

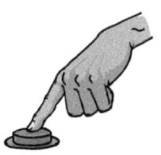

itələmək

push

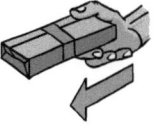

vermək

give

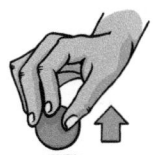

götürmək

take

sahibi olmaq

have

etmək

do

olmaq

be

durmaq

stand

qaçmaq

run

çəkmək

pull

atmaq

throw

düşmək

fall

uzanmaq

lie

gözləmək

wait

daşımaq

carry

oturmaq

sit

geyinmək

get dressed

yatmaq

sleep

ayılmaq

wake up

fəaliyyət - activities

baxmaq

look at

ağlamaq

cry

sığallamaq

stroke

daramaq

comb

danışmaq

talk

anlamaq

understand

soruşmaq

ask

dinləmək

listen

içmək

drink

yemək

eat

təmizləmək

tidy up

sevmək

love

bişirmək

cook

sürmək

drive

uçmaq

fly

üzmək
....
sail

hesablamaq
....
calculate

oxumaq
....
read

öyrənmək
....
learn

işləmək
....
work

evlənmək
....
marry

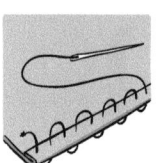

tikmək
....
sew

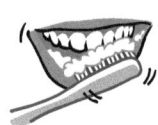

dişləri təmizləmək
....
brush teeth

öldürmək
....
kill

siqaret çəkmək
....
smoke

göndərmək
....
send

ailə
family

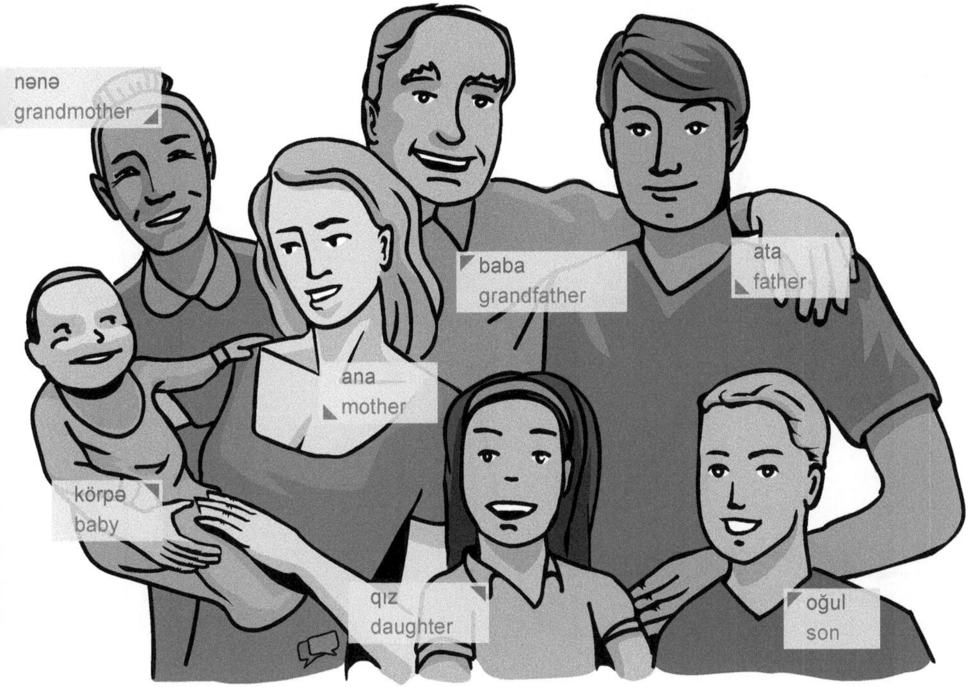

nənə
grandmother
baba
grandfather
ata
father
ana
mother
körpə
baby
qız
daughter
oğul
son

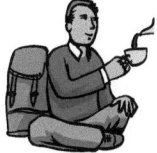

qonaq

guest

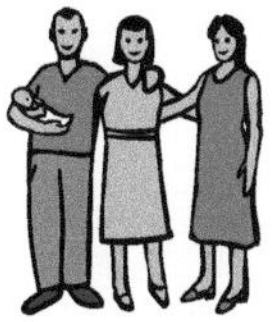

xala/bibi

aunt

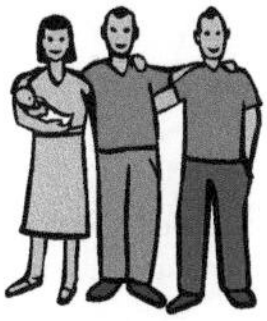

əmi/dayı

uncle

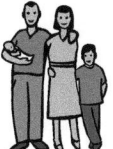

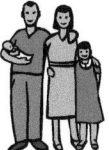

qardaş

brother

bacı

sister

bədən

body

alın
forehead
göz
eye
çiyin
shoulder
barmaq
finger
üz
face
buxaq
chin
əl
hand
ayaq
leg
döş
breast
qol
arm

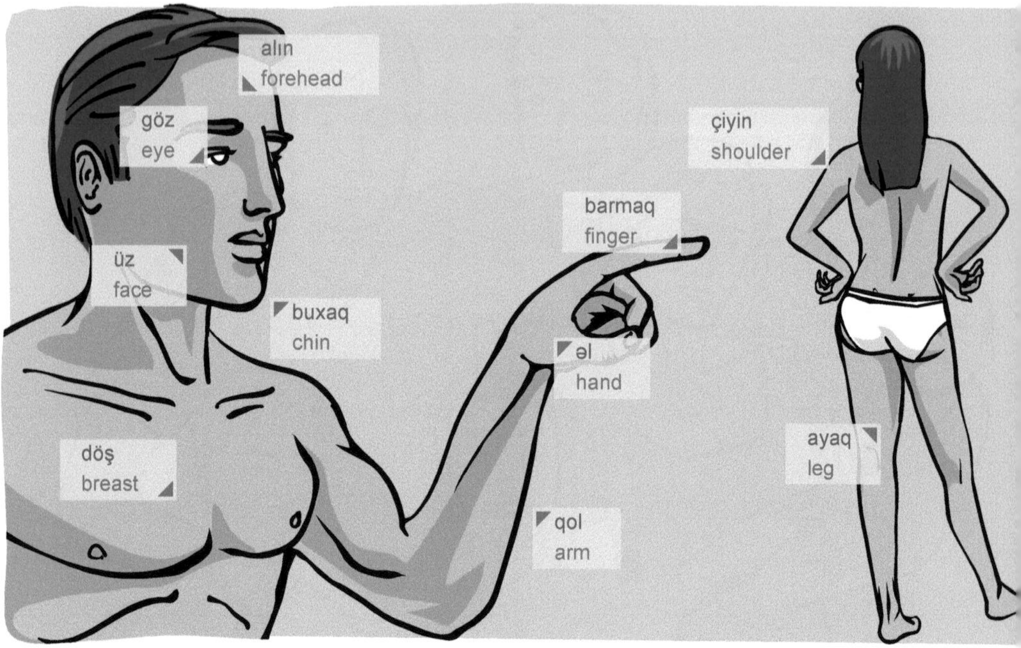

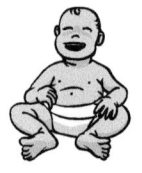

körpə

baby

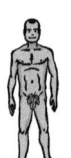

kişi

man

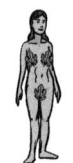

qadın

woman

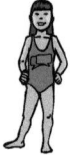

qız

girl

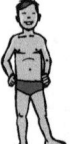

oğlan

boy

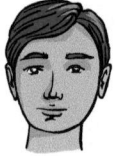

baş

head

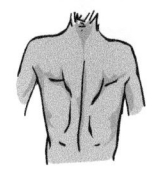

bel
back

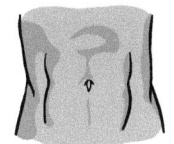

qarın
belly

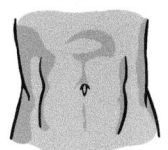

göbək
belly button

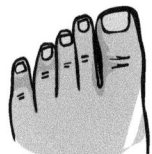

ayaq barmağı
toe

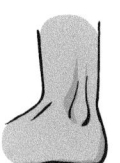

daban
heel

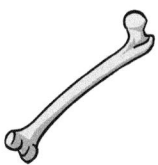

sümük
bone

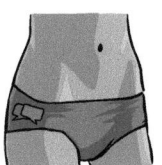

bud
hip

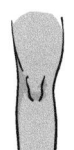

diz
knee

dirsək
elbow

burun
nose

sağrı
bottom

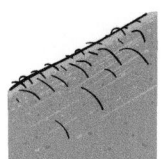

dəri
skin

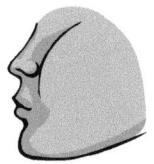

yanaq
cheek

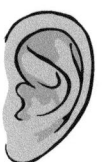

qulaq
ear

dodaq
lip

ağız
mouth

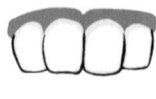

diş
tooth

dil
tongue

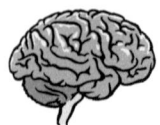

beyin
brain

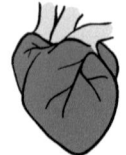

ürək
heart

əzələ
muscle

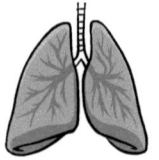

ağciyər
lung

qaraciyər
liver

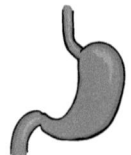

mədə
stomach

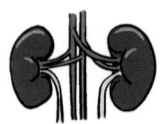

böyrəklər
kidneys

cinsi yaxınlıq
sex

kondom
condom

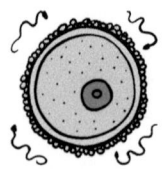

qadın cinsi hüceyrə
ovum

sperma
semen

hamiləlik
pregnancy

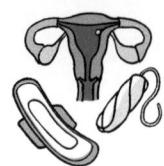

aybaşı
....
menstruation

vagina
....
vagina

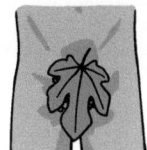

penis
....
penis

qaş
....
eyebrow

saç
....
hair

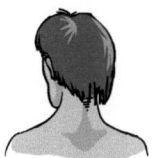

boyun
....
neck

xəstəxana

hospital

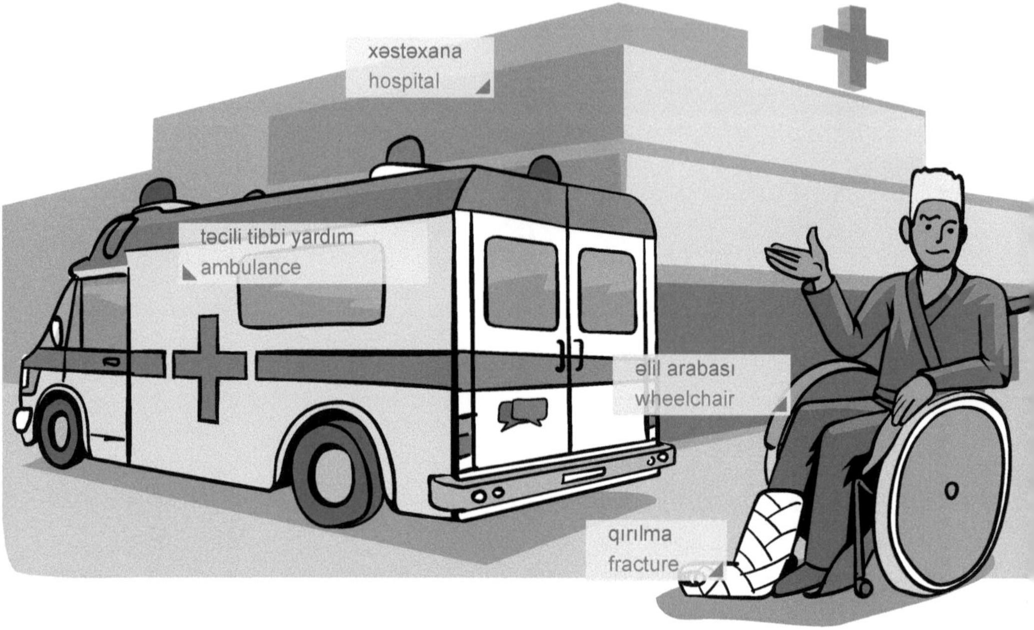

xəstəxana
hospital
təcili tibbi yardım
ambulance
əlil arabası
wheelchair
qırılma
fracture

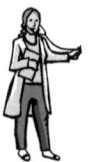

həkim

doctor

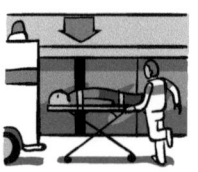

reanimasiya şöbəsi

emergency room

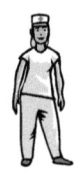

tibb bacısı

nurse

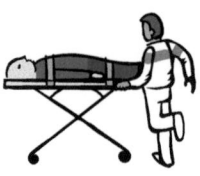

fövqəladə hallar

emergency

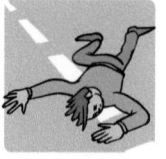

huşunu itirmiş

unconscious

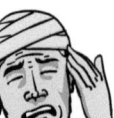

ağrı

pain

zədə

injury

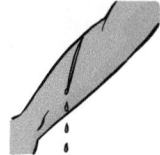

qanaxma

bleeding

infarkt

heart attack

insult

stroke

allergiya

allergy

öskürək

cough

qızdırma

fever

qrip

flu

ishal

diarrhoea

başağrısı

headache

xərçəng

cancer

şəkərli diabet

diabetes

cərrah

surgeon

neştər

scalpel

əməliyyat

operation

CT

CT

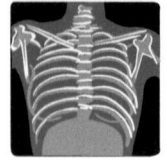

rentgen

x-ray

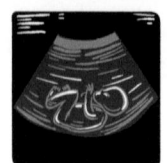

ultrasəs

ultrasound

maska

face mask

xəstəlik

disease

gözləmə otağı

waiting room

qoltuqağacı

crutch

plaster

plaster

sarğı

bandage

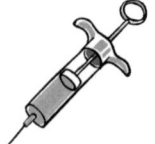

inyeksiya

injection

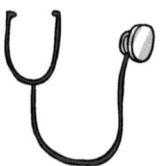

steteskop

stethoscope

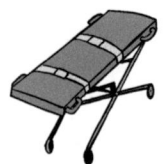

xərək

stretcher

hərarətölçən

clinical thermometer

doğum

birth

çəki artıqlığı

overweight

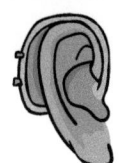

eşitmə aparatı

hearing aid

dezinfeksiyaedici

disinfectant

infeksiya

infection

virus

virus

QİÇS

HIV / AIDS

tibb

medicine

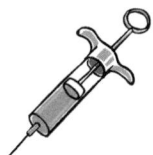

peyvənd

vaccination

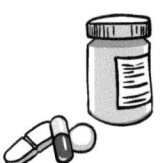

həblər

tablets

həb

pill

təcili zəng

emergency call

qan təzyiqini ölçmək üçün
cihaz

blood pressure monitor

xəstə / sağlam

ill / healthy

Kömək edin!	həyəcan siqnalı	basqın
Help!	alarm	assault

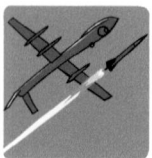  

hücum	təhlükə	ehtiyat çıxışı
attack	danger	emergency exit

Yanğın!	odsöndürən	qəza
Fire!	fire extinguisher	accident

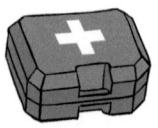  

ilkin yardım qutus	SOS	polis
first-aid kit	SOS	police

Avropa

Europe

Şimali Amerika

North America

Cənubi Amerika

South America

Afrika

Africa

Asiya

Asia

Avstraliya

Australia

Atlantik

Atlantic

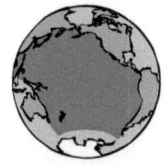

Sakit Okean

Pacific

Hind okeanı

Indian Ocean

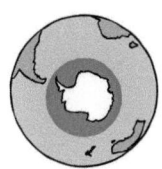

Antarktika Okeanı

Antarctic Ocean

Şimal Buzlu okeanı

Arctic Ocean

Şimal qütbü

North Pole

Cənub qütbü

South Pole

Antarktika

Antarctica

Yer kürəsi

Earth

ölkə

land

dəniz

sea

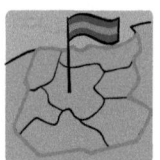

ada

island

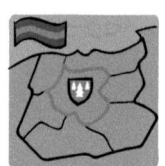

millət

nation

dövlət

state

siferblat

clock face

saat əqrəbi

hour hand

dəqiqə əqrəbi

minute hand

saniyə əqrəbi

second hand

Saat neçədir?

What time is it?

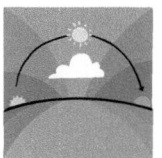

gün

day

vaxt

time

indi

now

rəqəmsal saat

digital watch

dəqiqə

minute

saat

hour

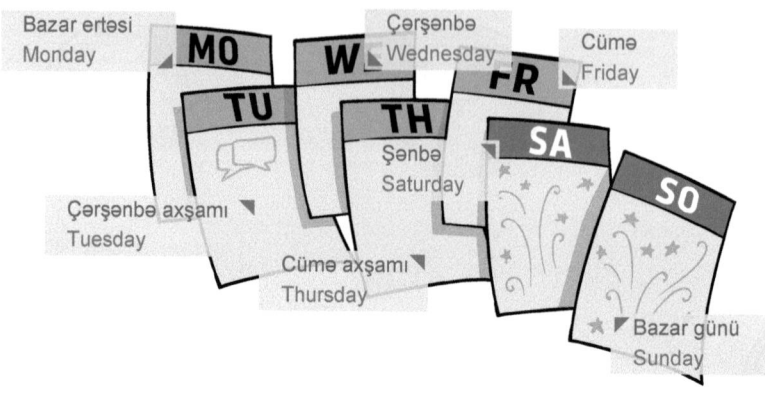

Bazar ertəsi
Monday

MO

W Çərşənbə
Wednesday

Cümə
Friday

FR

TU

TH

Şənbə
Saturday

SA

Çərşənbə axşamı
Tuesday

SO

Cümə axşamı
Thursday

Bazar günü
Sunday

dünən
....
yesterday

bugün
....
today

sabah
....
tomorrow

səhər
....
morning

günorta
....
noon

axşam
....
evening

MO	TU	WE	TH	FR	SA	SU
1	2	3	4	5	6	7
8	9	10	11	12	13	14
15	16	17	18	19	20	21
22	23	24	25	26	27	28
29	30	31	1	2	3	4

iş günü
....
business days

həftə sonu
....
weekend

yağış
rain

göy qurşağı
rainbow

qar
snow

külək
wind

yaz
spring

payız
autumn

yay
summer

qış
winter

4.APRIL	11°	☀
5.APRIL	4°	☁
6.APRIL	13°	☁
7.APRIL	8°	☀
8.APRIL	10°	☀

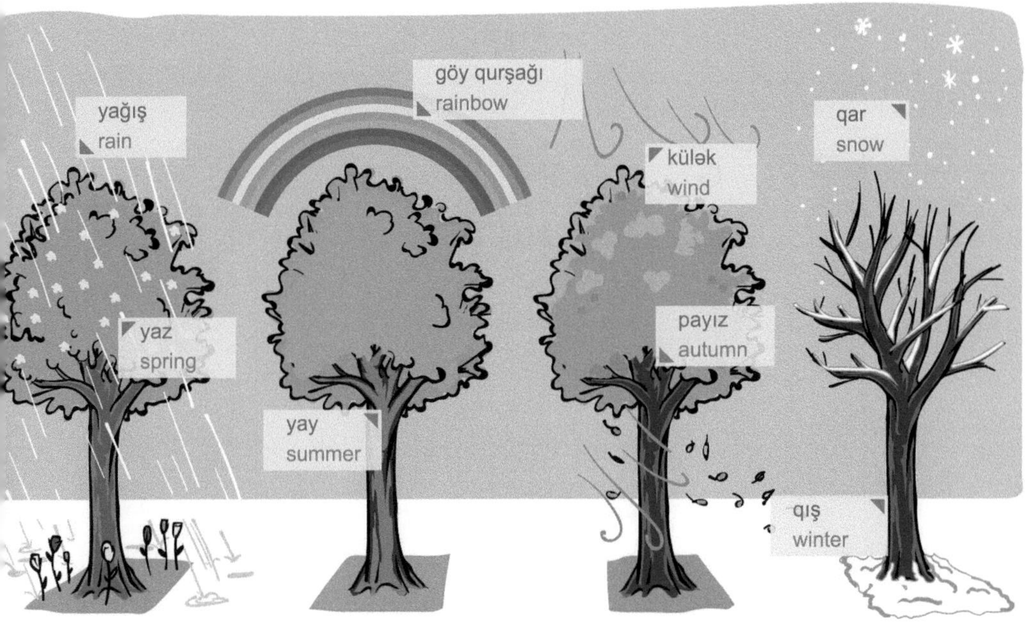

hava proqnozu
weather forecast

termometr
thermometer

günəş işığı
sunshine

bulud
cloud

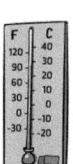

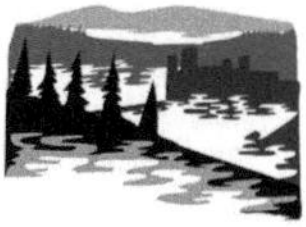

duman
fog

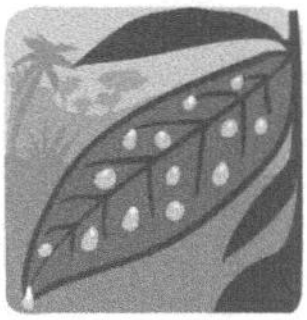

rütubət
humidity

ildırım

lightning

göy gurultusu

thunder

fırtına

storm

dolu

hail

musson

monsoon

daşqın

flood

buz

ice

yanvar

January

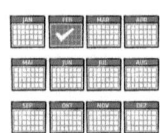

fevral

February

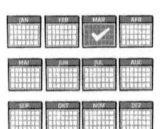

mart

March

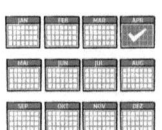

aprel

April

may

May

iyun

June

iyul

July

avqust

August

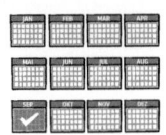

sentyabr

September

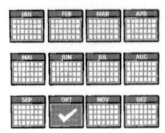

oktyabr

October

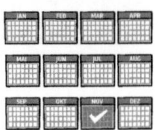

noyabr

November

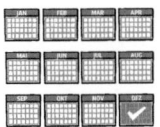

dekabr

December

formalar

shapes

dairə

circle

kvadrat

square

düzbucaqlı

rectangle

üçbucaq

triangle

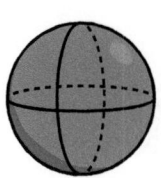

kürə

sphere

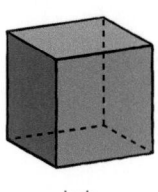

kub

cube

ağ

white

sarı

yellow

narıncı

orange

çəhrayı

pink

qırmızı

red

bənövşəyi

purple

mavi

blue

yaşıl

green

palıdı

brown

boz

grey

qara

black

çox / az

a lot / a little

qeyzli / sakit

angry / calm

yaraşıqlı / eybəcər

beautiful / ugly

başlanğıc / son

beginning / end

böyük / kiçik

big / small

işıqlı / qaranlıq

bright / dark

qardaş / bacı

brother / sister

təmiz / kirli

clean / dirty

tam / natamam

complete / incomplete

gündüz / gecə

day / night

ölü / diri

dead / alive

geniş / dar

wide / narrow

yemeli / yeyilməyən

edible / inedible

hirsli / mehriban

evil / kind

həyəcanlı / bezmiş

excited / bored

kök / arıq

fat / thin

ilk / son

first / last

dost / düşmən

friend / enemy

dolu / boş

full / empty

sərt / yumşaq

hard / soft

ağır / yüngül

heavy / light

aclıq / susuzluq

hunger / thirst

xəstə / sağlam

ill / healthy

qanunsuz / qanuni

illegal / legal

ağıllı / axmaq

intelligent / stupid

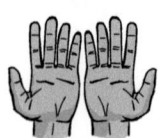

sol / sağ

left / right

yaxın / uzaq

near / far

86   əksinə - opposites

yeni / istifadə edilmiş

new / used

heç bir şey / bir şey

nothing / something

qoca / gənc

old / young

açma / bağlama

on / off

açıq / bağlı

open / closed

sakit/ bərk

quiet / loud

varlı / kasıb

rich / poor

düzgün / səhv

right / wrong

kobud / hamar

rough / smooth

kədərli / xoşbəxt

sad / happy

qısa / uzun

short / long

yavaş / sürətli

slow / fast

yaş / quru

wet / dry

isti / sərin

warm / cool

müharibə / sülh

war / peace

əksinə - opposites

ədədlər

numbers

0	**1**	**2**
sıfır	bir	iki
zero	one	two
3	**4**	**5**
üç	dörd	beş
three	four	five
6	**7**	**8**
altı	yeddi	səkkiz
six	seven	eight
9	**10**	**11**
doqquz	on	on bir
nine	ten	eleven

12
on iki
twelve

13
on üç
thirteen

14
on dörd
fourteen

15
on beş
fifteen

16
on altı
sixteen

17
on yeddi
seventeen

18
on səkkiz
eighteen

19
on doqquz
nineteen

20
iyirmi
twenty

100
yüz
hundred

1.000
min
thousand

1.000.000
milyon
million

İngilis dili

English

İngilis dilinin amerikan variantı

American English

Çin dilinin Mandarin dialekti

Chinese Mandarin

Hind dili

Hindi

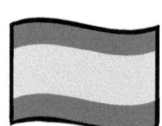

İspan dili

Spanish

Fransız dili

French

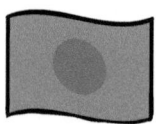

Ərəb dili

Arabic

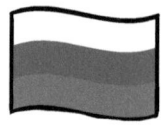

Rus dili

Russian

Portuqal dili

Portuguese

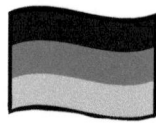

Benqal dili

Bengali

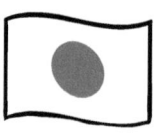

Alman dili

German

Yapon dili

Japanese

mən

I

sən

you

o / o / o

he / she / it

biz

we

siz

you

onlar

they

kim?

who?

nə?

what?

necə?

how?

harada?

where?

nə zaman?

when?

ad

name

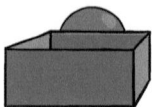

arxadan

behind

içində

in

qarşısında

in front of

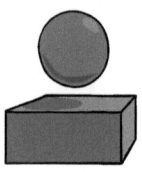

üzərində

over

dair

on

altında

under

yanaşı

beside

arasında

between

yer

place